나의 어제 너의 오늘

정현 그리고 지음

Contents

001 어둠이 짙게 내린 밤

002 나의 어제 너의 오늘

003 비가 많이 내리는 날

004 오늘 다시 나와줘서 정말 고마워

005 그래도 네 옆자리에 내가 있을 수 있다는 게

006 너의 얼굴을 맘껏 보면서 이렇게 벤치에 앉아

007 그동안 너를 모르고 지냈다

008 빵집으로 찾아갔다 아침 일찍 네가 일하는

009 매일 가장 편안한 시간을 선물해주고 싶다

010 더없이 행복하다 즐거운 이야기 나누는 것이

011 지금이 용기를 내야 할 때구나 싶었다

012 우리는 함께 또 한 발자국 내딛는다

013 기다렸다가 / 너의 수업이 끝나길

014 야경이 아름다운 이유는

015 나는 비빔밥 너는 피자

016 옷을 자주 뒤집어입는다

017 나지막이 들리는 불경소리 / 고즈넉한 풍경과

018 가을이 깊어진다

019 첫눈이 내렸다

020 무게가 너무나도 무겁다 / 헤어지는 순간 시간의

021 주머니에 넣을 수 있게 / 내 손과 포개어 따듯한

022 차가운 날에는 / 바람이 매섭게 부는

023 메리 크리스마스

024 여행을 떠난다

025
내가 집 앞까지
데려다줄게

026
네가 사는 동네에는

027
하루하루가 참
짧을 때가 있다

028
추위가 물러나고 포근한
기온이 감돌 때면

029
우리는 항상 서울역에서
만나고 헤어진다

030
그래도 함께라서 좋았다

031
어느새 해가 지고 까만
밤이 되어있다

032
우리는 줄무늬 공책 안에서
자유롭게 무언가 되어본다

033
떠오르는 네 생각에

034
푸른 바다 시원한 파도소리

035
매미소리를 자장가 삼아
단잠에 빠져든다

036
자꾸 네 목소리가
들리는 것 같아

037
졸업시즌이 다가온다

038
에라 모르겠다

039
한가로운 때
바쁜 가운데에서도

040
고민이 깊어지는 밤

041
아니죠?
이거 나만 이런 거

042
그동안 참 애썼다

043
다시 찍고 싶어

044
끝이 났다
첫 면접은 그렇게

045
두 손 꼭 마주 잡고서

046
발걸음이 가벼워진다
네가 좋아할 생각에

047
나의 자취방
이런저런 일로 울고 웃던

048
매일 볼 수 있다는 거겠지
가장 좋은 건 너의 얼굴을

049
너의 오늘은 헛되지
않았어

050
첫 출근 멍 때리다
흘러간 하루

051
평일 밤의 한강

052
나는 한없이 작아져 버린다

053
이렇게 서울에서의 첫눈
함께 맞았다

054
너를 만난 게 내겐 정말
영화 같은 일이 아닐까

055
내가 취업했을 때 보다

056
한번 세게 안아보자

057
바래다주고 돌아가는데

058
괜찮아 나도 야근이야

059
따끈한 국물에 소주 한잔
쌀쌀한 날씨엔

060
다시 봄이 찾아오면

061

노래를 틀어본다
봄 햇살에 어울리는

062

함께 빗속을 걸었다

063

변하지 않는 생각 중 하나

064

오늘은 빨리 퇴근해야지

065

자연스럽게 아재 인증

066

기차 타고 떠나는 여행

067

보랏빛으로 물든 밤하늘

068

너를 계속 봐야 할 테니까

069

한 여름밤의 캠핑
더할 나위 없는

070

추억들을 채워가며
우린 또 어떤

071

수고했어 오늘도

072

괴롭히며 살고 있는 것 같다
소중한 오늘을 너무

073
설렘이 느껴진다
왠지 모를 그때의

074
듣는다
내 맘속의 이야기를

075
나 잘하고 있는 걸까?

076
회사를 그만두기로 했다

077
천천히 걸음을 옮긴다
우리는 조용히 손을 잡고

078
크게 몸살을 앓았다

079
퇴근시간 너의 회사 앞

080
쪽! 마시는
바나나우유의 맛

081
오후 두 시의 지하철
한적한 여유가 느껴지는

082
가장 편안한 나를 만난다
너를 만날 때 비로소

083
놓고 바람을 쐬고 싶은 날
아무 생각 없이 넋을

084
못 살겠구나
나는 너 없이는

085
들으며
우리가
좋아하는 노래를

086
살아간다
오늘도 나는 을로

087
우리 손잡고 걸을까

088
인사드리러 가는 날
너의 부모님께 처음

089
준비해야 할 것
결혼을 하려면

090
아주 가까워졌다
우리의 거리가

091
적힌 종이
신랑 신부의 이름이

092
가장 먼저 네가 생각날 거야

093
놓인다
어느 순간 툭 마음이

094
많이 다르다
우리 아직도 너무

095
올 한 해도 수고했어

096
가득했으면
우리의 한 해도 새로움이

episode —어제와 오늘을 돌아보며

097 있는 우리 모두의 이야기 이것은 멀지 않은 곳에

098 나의 어제 너의 오늘

ぼくむ色 ー116
BOKUKMUIRO

어둠이 짙게 내린 밤.
부디 너와 나의 오늘이 별일 없이 흘러갔기를.

나의 어제

너의 오늘

비가 많이 내리는 날이었다.

나는 네 옆에 앉아 자리가 끝날 때까지 너의 얼굴을 제대로 볼 수가 없었다.

겨우 헤어질 때가 돼서야 술기운에 너의 전화번호를 물었다.

떨리는 손으로 처음 본 11자리 숫자 위에 너의 이름을 저장해두었다.

안녕.

집으로 돌아가 누웠는데 네 얼굴이 흐릿하게 떠오르더라.

그래서 다시 너를 보지 않으면 금세 잊힐까 걱정되는 마음에 전화를 걸었지.

오늘 다시 나와줘서 정말 고마워.

일주일 만에 다시 만난 너는 여전히 예쁘구나.

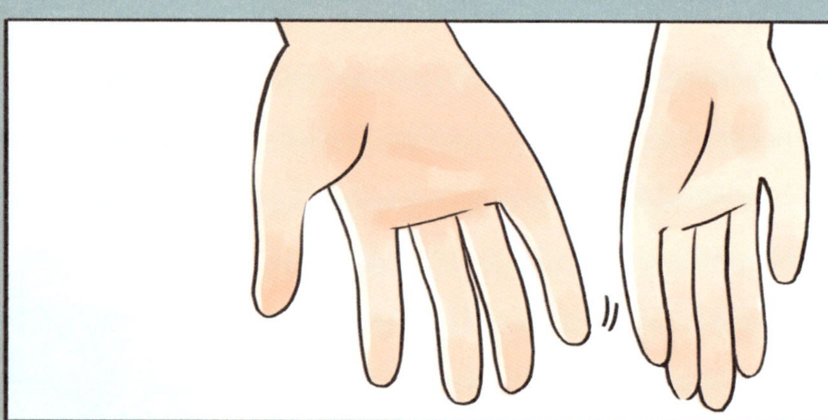

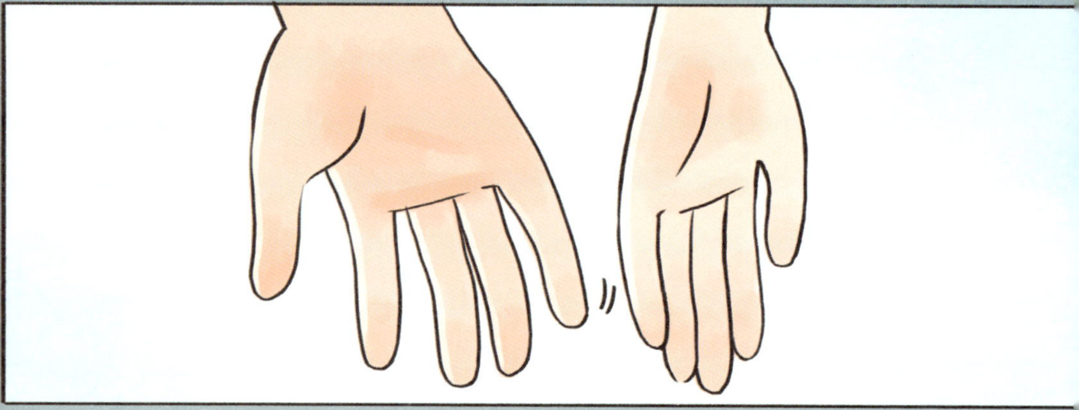

아직은 서로 어색하지만
그래도 네 옆자리에 내가 있을 수 있다는 게
얼마나 좋은지 너는 모르겠지.

ACID
MAXX
MAX

영화나 연극을 보는 것보다
이렇게 벤치에 앉아 너의 얼굴을 맘껏 보면서
수다 떨 때가 더 신나고 재미있어.

23살의 너를 만나기까지 나는 그동안 너를 모르고 지냈다.
그러니 나를 위해서 억지로 너를 바꾸려고 하지 말고
있는 그대로 너의 모습을 보여줬으면 좋겠어
나는 있는 그대로의 너를 알아가고 더 사랑할 테니.

BREADHOUSE
BREAD
BREAD HOUSE SINCE 2011

아침 일찍 네가 일하는 빵집으로 찾아갔다.

그런데 막상 도착하니

'어떻게 인사하지?'

'무슨 말을 먼저 꺼낼까?'

'갑자기 와서 싫어하는 건 아닐까?'

오만가지 생각에, 용기 내어 들어갈 수가 없었다.

그렇게 우물쭈물 거리다 결국 네가 일이 끝나는 시간이 되고 말았지.

한적한 서울숲 의자에 앉아 이야기를 나눈다.
시원한 바람과 흔들리는 나뭇잎 소리를 들으며
잠시 눈을 감는다.
아무것도 하지 않으며
그렇게 잠시 휴식을 취한다.
매일 가장 편안한 시간을 선물해주고 싶다.

데이트의 마무리를 간단한 술자리로 마무리한다.
　　술 한잔 기울이며
　　고민을 털어내고
　　생각을 공유하고
　　즐거운 이야기를 나누는 것이
　　더없이 행복하다.

처음 만난 그때처럼 부슬비가 내렸다.
그때처럼 너는 내 곁에 있었고
그때와는 다르게 나는 너의 얼굴을 마주하고 있었다.
그래, 지금이 용기를 내야 할 때구나 싶었다.

일 년 중 가장 좋아하는 계절

가을 속으로 우리는 함께 또 한 발자국 내딛는다.

너의 수업이 끝나길 기다렸다가
내려가는 길에 먹는 꼬치구이는 정말 최고다.
오후 수업이 끝날 때쯤이면 너와 꼬치구이를 먹을 생각에
나도 모르게 행복해진다.

야경이 아름다운 이유는
　어둠 속에서 각자 힘들게 살아가는 사람들의 불이
　꺼지지 않았기 때문이야.
　지금 우리가 밝히는 이 불도
　오늘 누군가 바라보는 야경의 아름다움이 되겠지.

비빔밥
돌솥비빔밥
김치찌개
제육볶음
된장찌개
BURGER
PIZZA
SPAGHETTI

나는 비빔밥
너는 피자.

서로 다르기 때문에
더 다양한 것들을 맛보고
즐길 수 있는 거야.

불가마

옷을 자주 뒤집어 입는다.
유독 찜질방을 가면
예외 없이 뒤집어 입는다.
뭐 불편하지 않다면야…
그런 널 바라보며, 그저 참 귀엽다는 생각에 입꼬리가 올라간다.

나는 무교다.

그렇지만 마음이 복잡할 때면 절을 찾는다.

나무와 절이 어우러진 고즈넉한 풍경과

나지막이 들리는 불경소리,

바람에 흔들리는 나무 소리와

드문드문 들리는 종소리가

마음을 평온하게 만들어 준다.

가을이 깊어진다.
　　이렇게 좋은 날씨는
　　왜 이렇게 찰나같이 지나치는지…
　　떨어지는 낙엽들이 아쉽기만 하다.

첫눈이 내렸다.
　우린 둘 다 지방에서 올라와
　눈이 매우 낯설기도 하고 신기하게만 느껴졌지.
　이렇게 첫눈을 너와 함께 맞으니
　세상 부러울 것 없이 행복하다.

다음주에
또 올라올게.

장거리 연애라 일주일에 한 번밖에 너를 보지 못하는 게 너무 아쉽다.
헤어지는 순간 시간의 무게가 너무나도 무겁다.
기차에 올라타는 순간부터 다음 주가 되길 목이 빠지게 기다린다.

너는 아무리 추운 날씨에도 장갑을 잘 가지고 다니지 않더라.
그래서 너를 만날 땐 항상 주머니가 큰 외투를 입고 나가지.
차가워진 네 손을 내 손과 포개어 따듯한 주머니에 넣을 수 있게.

바람이 매섭게 부는 차가운 날에는

성북동에 자주 가는 식당으로 가 순두부찌개를 먹는다.

적당히 붐비는 손님들

살짝 으슬으슬한 온도와

약간 눅눅한 습도

그리고 한결같은 주인아주머니의 손맛은

잊지 않고 다시 이곳을 찾아오게끔 한다.

아름답게 내려주는 하얀 눈
　　거리엔 환한 표징의 사람들
　　울려 퍼지는 캐럴송
　　맛있는 음식과
　　너를 위한 깜짝 선물

　　메리 크리스마스!

여행을 떠난다.
　그렇게 멀지 않은 곳으로.
　그리고 작은 노트를 펼쳐
　1월에 적어놓았던 글을 읽어본다.
　지금 나는 그때의 다짐을
　얼마나 이루었는지,
　그리고 잊고 지낸 건 무엇이었는지
　생각해 본다.

내가 집에
데려다 줄게.

이른 시간 너를 만나러 나갈 때는
오늘 하루가 영원할 것처럼 즐겁다가도
이렇게 헤어질 때가 되면 언제 이렇게 시간이 흘렀나 우울해진다.
오늘은 날이 추우니 내가 집 앞까지 데려다줄게.

담배
행운마트
052-919호
행운마트
TEL 0-052-919
HOT&COLD

네가 사는 동네에는 어릴 적 우리 집 앞 슈퍼와 꼭 닮은 가게가 있다.
　　그 가게에는 작은 공간을 개조하여
　　라면을 끓여 먹을 수 있게끔 되어 있었다.
　　가게 앞에서 너를 기다릴 때면
　　어린 시절 끓여 먹던 라면 냄새가 나는 것만 같다.

하루하루가 참 짧을 때가 있다.
오늘은 또 어찌 보내나 하다가도
달력을 보면 어느새 월 말이 된 걸 보면
소름 돋을 정도로 시간이 빠르게 간다는 생각이 든다.

어느새 계절이 바뀌어 간다.

추위가 물러나고 포근한 기온이 감돌 때면
언제 벚꽃이 필까
어린아이처럼 설레는 마음으로 기다려지게 된다.

서울 역
Seoul Station
서울역

우리는 항상 서울역에서 만나고 헤어진다.

만날 때의 설렘과 기쁨을

헤어질 때의 아쉬움과 슬픔을 모두 함께하는 곳.

아주 오래전부터 한강에서 함께 자전거를 타보고 싶었다.

비틀비틀

엉거주춤

저질체력으로

비록 오랫동안 타지는 못했지만

그래도 시원한 한강 바람을 맞으며

자전거도 함께 탔으니

버킷리스트 하나는 성취했다.

J
HOME
SWEET

종종 낙산공원을 오른다.

해 질 무렵 성벽을 따라 공원의 끝에 다다르면

어느새 해가 지고 까만 밤이 되어있다.

그곳에서 미리 챙겨온 캔맥주를 따고

서울의 야경을 안주 삼아

두런두런 이야기를 나눈다.

닮았누?
귀엽다
흐흐

카페에 가면 그림을 그린다.
　　하루는 말도 안 되게 못생기게
　　하루는 지나치게 귀엽게
　　하루는 멋있는 배우처럼
　　카페에 있는 동안
　　우리는 줄무늬 공책 안에서
　　자유롭게 무언가 되어본다.

어두운 밤 골목길을 털레털레 오르다
떠오르는 네 생각에 자주 혼자 미소 짓는 걸.

여름.

　　푸른 바다와
　　시원한 파도소리
　　그리고 환한 너의 미소가 함께하는
　　여름.

Busy Kreens
NU   Coy's

도서관으로 가 그동안 읽고 싶었던 책을 잔뜩 들고서
　　자리에 앉는다.
　　몇 페이지 읽다 보면
　　몰려오는 잠을 이기느라 연신 하품을 한다.
　　결국 무거운 고개가 떨어지고
　　매미소리를 자장가 삼아
　　단잠에 빠져든다.

Conti
NOTE
RYU

네가 그린 콘티를 읽어본다.

너를 닮은 주인공이

너의 말투를 쓰면서

로맨틱한 연기를 펼친다.

자꾸 네 목소리가 들리는 것 같아

오글거리긴 하지만

생각보다… 아니, 기대 이상으로 재미있다.

SCENARIO
ZBRUSH
@MAX.

졸업시즌이 다가온다.
　　데이트하는 시간보다
　　작업에 매달리는 시간이 많아졌다.
　　수화기 너머
　　"힘내"라는 말로 힘을 얻는다.

요즘은 카페에 앉아 살아갈 궁리를 하는데 많은 시간을 쓴다.
　　여기저기 회사정보도 알아보고
　　이력서는 어떻게 쓰는 건지
　　면접 볼 땐 무슨 말을 해야 하는지
　　자소서 쓰는 요령은 무엇인지…

　　에라 모르겠다. 이게 다 뭐냐
　　조각 케이크 뿌시고 떡볶이나 먹으러 가자.

망중한.

　　바쁜 가운데에서도 한가로운 때.
　　시골집 문을 열어
　　따스한 햇살을 받으며
　　가을 노래가 나오는 이어폰을 귀에 꽂고
　　세월아 네월아 앉아있고 싶어라.

폭풍우가 몰아치다가도
　사막 한가운데 떨어진 것 마냥
　공허하기도 하다.
　시끄러운 시장통에 서서
　길 잃은 강아지가 되었다가
　산 정상에 올라 퀭한 눈으로
　아래를 내려다보는 산짐승이 되어보기도 한다.

　얼마 남지 않은 대학생활.

　고민이 깊어지는 밤.

PAGE
이력서

하... 쓸 말이 없다...
... 그동안 뭐했지 나...

오늘 처음으로 이력서를 썼다.
　사진을 첨부하고
　학력사항을 채우고 나니
　뭘 더 적어야 할지 막막함이 앞선다.

　'이거 나만 이런 거 아니죠?'.

2011 GRADUATION
Callme J

졸업전시회를 마치고

힘들게 만들었던 작품과 이별을 하게 됐다.
이제 깜깜한 작업실에 제일 먼저 들어가 불을 켜지 않아도 되고
컴퓨터 앞에 앉아 머리카락 헝클어가며 밤새우지 않아도 된다.

그런데 그게 참 섭섭하고 아쉽다.

그동안 참 애썼다.

안녕 나의 대학생활.

자-찍을게요
미소~
턱 당기시고
미소~
아 이쁘다
미소~

ㅋㅋㅋ

증명사진을 찍었다

이상하게 나온 것 같다

다시 찍고 싶어.

어디 보정 잘해주는 집 찾아봐야겠다.

우리 회사는 왜 지원 했습니까?
사회 생활은 처음 입니까?
좌우명 같은게 있는지?
회사 생활에 가장 중요한게?
취미활동은?
좋아 하는 작품은?
요즘 보는 드라마 같은건 있나요?
우리 회사 작품은 봤어요?
작품에 메세지는 어땠나요?
연출팀에 들어오고 싶은 이유?

면접관들의 칼날 같은 질문들이 날아온다.
　　동공 지진이 일어나고
　　거친 숨을 짧게 들이쉬더니
　　나도 모르게 주저리주저리 어떤 말들을 내뱉는다.
　　침을 꼴깍 삼킨 후
　　"감사합니다" 짧은 인사를 하고
　　면접실을 나선다.

　　첫 면접은 그렇게 끝이 났다.

노랗게 물든 거리를 걸어간다.
두 손 꼭 마주 잡고서

마음에
들어야
할텐데...

지하철역 앞 작은 꽃집에서 장미 한 송이를 산다.
장미 한 송이만 들고 가려니 뭔가 어색해서
작은 골목에 있는 과자점에 들려 초코과자를 산다.
네가 좋아할 생각에 발걸음이 가벼워진다.

모두 비워내고 나니
　　이렇게 넓었던 방이었나 싶다.
　　친구들과 꿈같은 미래도 그려보고
　　밤새 과제에 시달리기도 하고
　　이런저런 일로 울고 웃던
　　나의 자취방.

　　추억들을 소중히 담아 서울로 간다.

드디어 올라온 서울.

이제 힙한 곳도 핫한 곳도 밈껏 갈 수 있고,

한강에서 운동도 할 수 있고,

맛집도 찾아다니며 맛있는 음식도 먹을 수 있다.

가장 좋은 건 너의 얼굴을 매일 볼 수 있다는 거겠지.

걱정하지 마

　너의 오늘은 헛되지 않았어.

　너는 잘하고 있어.

안녕 하십니까

연출팀 신입사원 입니다.

. . .

첫째날인데 뭐했어?
멍 때렸어.

첫 출근

떨리는 마음으로 자기소개를 하고
나의 자리라고 내어준 곳에 불편하게 앉는다.
쭈뼛거리며 주변을 살피고
잘 이해가 되지 않는 인수인계서 파일을 보며
퇴근할 때까지 멍 때리다 흘러간 하루.

평일 밤의 한강

벤치에 앉아

조용히 흐르는 강물 소리를 듣고

멀리 반짝이는 야경을 바라본다.

그리고 차분히 닭다리를 뜯는다.

하... 너무 어렵다.

아직 뭐가 뭔지 잘 이해가 되지 않는다.

상사 앞에서는 형식적으로 고개만 끄덕이다

자리로 돌아와 그게 어떤 의미였는지 복기하기 바쁘다.

각자 자리에서 능숙하게 일 처리를 하는

주변 사람들을 보고 있으면

나는 한없이 작아져 버린다.

불편한 마음에 늦은 시간까지 자리를 떠나지 못한다.

지하철 출입구를 나오는데
하얀 눈이 살포시 손등에 내려앉았다.
고개를 들어 보니
하얀 눈이 내리기 시작했다.

지평선 너머에 걸려있던 해가 넘어가고
어슴푸레 밤이 다가오는 시간.
이렇게 서울에서의 첫눈을 함께 맞았다.

영화를 보고 나면 머릿속으로 그 영화의 주인공이 되어 보곤 한다.
그곳에서 나는 너를 보며 미소 지어 보이고
너도 세상에서 가장 아름다운 미소로 나를 바라본다.

어쩌면 너를 만난 게 내겐 정말 영화 같은 일이 아닐까 싶다.

내가 취업했을 때 보다

약 2.2배 정도 더 기쁘다!

응

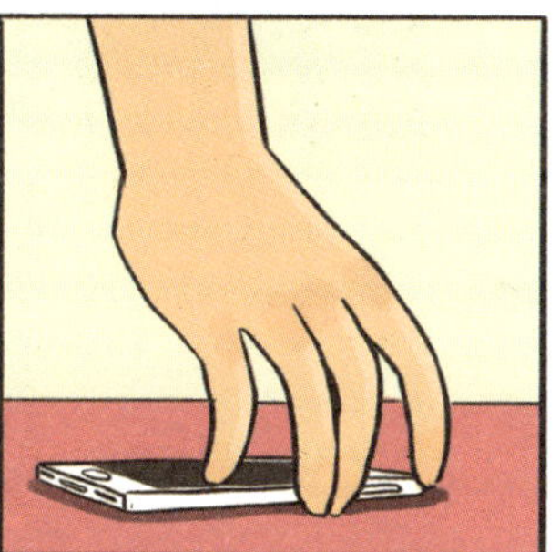

합격!

예- ♪~

이리 와
한번 세게 안아보자.

잠깐
나올수 있어?

집으로 바래다주고 돌아가는데
　　네가 좋아하는 빵집에 때마침
　　네가 좋아하는 케이크가 딱 있지 뭐야.
　　어쩔 수 없지.
　　오늘은 좀 더 너를 오래 봐야 할 하루인가 보다.

"미안, 오늘 같이 저녁 먹기로 했는데...

　　오늘 일이 엄청 많아서 야근해야 할 것 같아."

"괜찮아 나도 야근이야."

금요일 밤
　칼퇴근
　오늘같이 쌀쌀한 날씨엔
　따끈한 국물에 소주 한잔
　크-!

긴 겨울이 지나고
다시 봄이 찾아오면
비로소 새로운 한 해가 시작되는 것 같다.

4月
1 2 3 4 5 6 7
8 9 10 11 12 13 14
15 16 17 18 19 20 21
22 23 24 25 26 27 28
29 30

할머니 집 마당에 앉아
천천히 주변을 살핀다.
풀잎들이 천천히 위아래로 움직이고
잔디 위로 개미들이 바삐 줄을 지어 이동한다.

이어폰을 귀에 꽂고
봄 햇살에 어울리는 노래를 틀어본다.

같이 쓰고 갈까?

퇴근길

갑자기 소나기가 내렸다.

같은 우산 속에서 너의 팔짱을 끼고

함께 빗속을 걸었다.

코흘리개 시절부터 지금까지 변하지 않는 생각 중 하나.

포장마차 떡볶이를 맛보게 해주셔서

정말로 감사합니다!

오늘은 빨리 퇴근해야지 하고 출근했는데...

이리 치이고 저리 치이다 보니

왜 나만 혼자 회사에 남아있는 거죠?

오랜만에~

감자칩
먹을까?

쯔쯔...
어디 고를게 없어서!

과자는
여서
× 다 코코넛 이지!

여자친구의 무난한 취향을 존중하지 못한 점
여자친구에게 오래된 과자를 추천한다는 점

자연스럽게 아재 인증.

기차 타고 떠나는 여행.

무거웠던 마음의 짐들은 모두 내려놓고

설레는 마음으로 멀리 떠난다.

괜히 여행 일정표를 보고 또 보며

즐거운 시간을 보낼 생각에 미소가 절로 지어진다.

보랏빛으로 물든 밤하늘 아래

반짝이는 영동대교

우리가 함께한 부산.

무... 무서워...!

어릴 적 목욕탕에 빠진 이유로
물을 매우 무서워한다.
요즘엔 공포를 극복하려고 수영을 배우려 한다.
혹시나 물에 빠져도 어떻게든 살아남아야지.
너를 계속 봐야 할 테니까.

CAMPING

흐르는 물소리와
귀뚜라미 소리
뜨거운 불에 '따닥따닥' 고기 구워지는 소리
그리고 스피커에서 흘러나오는 조용한 음악
더할 나위 없는 한 여름밤의 캠핑

070
우린 또 어떤
추억들을 채워가며,
이 여름을 떠나보내고 있는 걸까.

0
7
1

수고했어 오늘도.
굿나잇.

CAVS

가만히 생각해 보면
　　우리는 언제 어떻게 다가올지 모르는
　　미래를 대비한다는 이유로
　　소중한 오늘을 너무 괴롭히며 살고 있는 것 같다.

　　오늘, 나의 소중한 오늘을 위해 연차를 내야지.

추석이 지나고 다시 학교로 등교할 때면,
새 옷을 입고 친구들을 만날 생각에 괜히 설레곤 했었다.
가을 아침 쾌청한 공기가 느껴지는 오늘 출근길은
왠지 모를 그때의 설렘이 느껴진다.

CHECKLIST
- Layout
- CAMERA FLOW
  180°
- ACTING ANI
- Shot-SIZE CF
- hook up MV
- Cut
- DOUBLE Action
outline, Anti
CAMERA Angle.
8
1 2
3 4 5 6 7 8 9
10 11 12 13 14 15 16
17 18 19 20 21 22 23
24/31 25 26 27 28 29 30
OUT
line
SCHEDULE
WEEK Hook
UP
PANA
SHOT
C.K
Lay
out

하루 종일 가만히 앉아 그림을 그린다.

누군가의 필요가 아닌

오로지 나를 위한 그림.

그림을 그리면서 나의 이야기를 쓰고

내 맘속의 이야기를 듣는다.

그렇게 하루 종일 그림을 그리고 있을 때가

너무 행복하다.

핑크빛으로 물든 한강대교 위를 걸었다.
길을 걷다가 가만히 서서 주변을 둘러봤다.

한적한 강물과 바삐 달리는 차들 사이에서
한참을 멍하니 서있었다.

'나 잘하고 있는 걸까?'

회사에 다니면서 크고 작은 성취감을 느꼈고
사사로운 시비와 이런저런 어려움을 겪었다.

적당한 합의가 필요했고
아쉽지만 이 정도면 됐지 싶은 결말이 있었고
별 탈 없이 스케줄을 맞춘 것에 대한 서로의 격려가 있었다.

문득

그냥 어떤 책임의식 같은 걸로 취업을 했다는 생각이 들었다.

좀 더 즐거운 작업을 해보기 위해 회사를 그만두기로 했다.

일요일 밤

삼청동의 거리
붐볐던 오후의 거리는
어느새 한산해지고
버스킹 하는 어느 청년의 노랫소리와
골목 어귀마다 밝혀진 조명이
고즈넉이 거리를 비춘다.
우리는 조용히 손을 잡고
천천히 걸음을 옮긴다.

회사 다닐 땐
한번도 안아프더니...
맛죽

회사생활을 하는 5년 동안

크게 아픈 적이 없었는데

회사를 그만두자마자 크게 몸살을 앓았다.

오래간만에 따듯한 죽을 원 없이 먹었다.

퇴근시간 너의 회사 앞.
분주하게 움직이는 사람들 사이로
경쾌한 발걸음의 네가 보인다.
나도 너의 보폭에 따라 발걸음을 맞춘다.

탕
목욕탕
마트
담배

주말 아침

깨끗이 씻어내고
상쾌한 기분으로 걷는 마을 길.
아직 머리가 다 마르지 않은 상태로
쪽-! 마시는 바나나우유의 맛.

오후 두 시

출퇴근할 때는 경험해보지 못한 한적한 지하철
따스한 햇살이 들고
노곤 노곤 낮잠에 빠진 아이와
무슨 일인지 심각한 고민에 빠진 할머니.
일정하게 철커덩 철커덩 울리는 지하철 소리
한적한 여유가 느껴지는 오후 두 시의 지하철.

TORE

매일 만나도 가장 반가운 사람.

회사에서

친구들 사이에서

나는 다양한 형태의 나로 살아가지만

너를 만날 때 비로소

가장 편안한 나를 만난다.

그냥 아무 생각 없이 넋을 놓고 바람을 쐬고 싶은 날이 있다.

가을빛에 노랗게 물드는 노을과 시원한 바람이 부는

오늘 같은 날.

편집
오전 12:39
모두
부재중
최근 통화
자기~ ♡
휴대전화
자기~ ♡
휴대전화
자기~ ♡
휴대전화
자기~ ♡
휴대전화
자기~ ♡
휴대전화
자기~ ♡
휴대전화
자기~ ♡
휴대전화
자기~ ♡
휴대전화
자기~ ♡
휴대전화

술에 취해 집으로 돌아가는 길.
　휴대폰 통화목록을 보는데
　네 이름만 가득하다.

　그때 알았지
　'아, 나는 너 없이는 못 살겠구나.'

캄캄한 밤
길을 잃고 헤매도
우리 두 사람
서로의 등불이 되어주리

한강에서

　　우리가 좋아하는 노래를 들으며.

넵, 가능합니다.

프리랜서가 돼서도

거절해야 할 때 그러지 못할 때가 많다.

회사 다닐 때도 그러더니…

오늘도 나는 을로 살아간다.

추워
손 잡고 가자.

"추위, 우리 손잡고 걸을까?"
"나야 좋지!"

나 이상하지 않아?
아냐, 완전 멋있어!

너의 부모님께 처음 인사드리러 가는 날
실수하지는 않을까 걱정이 앞서
팔다리가 다 떨리던 너의 집 앞.
너의 손을 꽉 잡고 올라가던 계단은
왜 그렇게 가파르게 느껴지던지…

결혼을 하려면 준비해야 할 것이 너무나도 많다.

하고 싶은 것은 많은데

욕심부리는 건 아닌지

고민에 고민을 거듭한다.

길을 걸으면서도 체크리스트를 확인하느라 정신이 없다.

JHS
VN

고향이 둘 다 지방인 이유로
　　결혼 전에 각자의 자취방을 정리하고
　　함께 살 집을 구했다.
　　큰 집은 아니지만 매일 함께 할 수 있다는 생각에
　　너무너무 행복하다.
　　천안과 서울을 오가던 우리의 거리가
　　아주아주 가까워졌다.

청첩장이 도착했다.

신랑, 신부의 이름이 적힌 종이를 보니
결혼을 한다는 게 새삼 믿어지지가 않는다.

주변 사람들에게 줄 청첩장을 한 장 한 장 고이 접어
봉투에 담는다.

점점 우리가 부부가 되어감을 실감한다.

조금만더
걸을까?
좋아!

무심코 툭 내뱉는 말에 서운하기도 하고
사소한 일로 다투기도 하겠지.

그래도 맛있는 걸 먹을 때면,
귀여운 액세서리를 보면,
이쁜 장소에 가게 되면,
가장 먼저 네가 생각날 거야.

눈이 내린다.

하얗게 변해버린 온 세상이 침묵에 잠긴다.

창밖으로 조용히 내리는 눈을 바라본다.

어느 순간 툭 마음이 놓인다.

많은 것을 함께 했지만
우린 아직도 너무 많이 다르다.
그래도 분명한 것은
네가 어떤 모습이라도
나는 항상 너의 편이라는 것이야.

올 한해도 고생했어.

올 한 해도 수고했어.

뭘 한지도 모르게 시간이 금세 흘렀구나.

그래도 여전히 너의 곁에 내가 있을 수 있다는 게

감사한 한 해였어.

새로운 해가 뜬다.

우리의 한 해도 새로움이 가득했으면...

네가 두 손 모아 기도한 소원들도

빠짐없이 이루어지길 간절히 기도해본다.

097

이것은 멀지 않은 곳에 있는

우리 모두의 이야기.

나의 어제

너의 오늘.

나의 어제
너의 오늘
정현 그림

초판 1쇄 발행 2019. 01. 17

글과 그림   정현

디자인   진다솜

기획   김상현

책임   김기용

인쇄 제본   창원문화사

펴낸 곳   필름(Feelm)출판사

주소   서울특별시 관악구 신림동 86-1, 506호 필름

전화   010 2028 5255

팩스   070 7614 8226

이메일   feelmbook@naver.com

등록번호   제 2016-000019호

Episode 1

이야기를 나눌때

눈을 보며 대화를 하는
사람이 좋다.

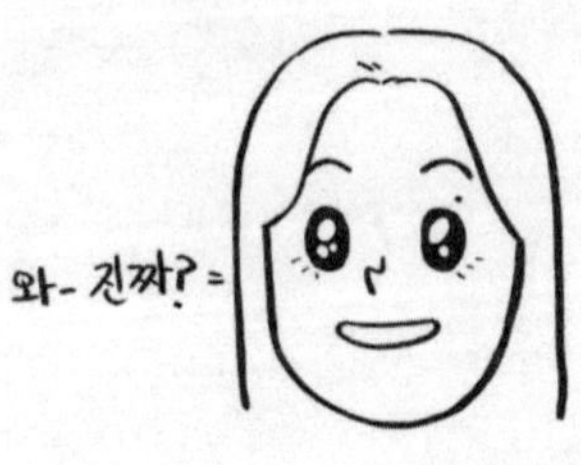

정말 내 이야기를 집중해서
들어주는 것 같거든.

그런데 이게
너무 지나치게
바라보면

날씨 좋다~

비 오는데?
비오는거
좋아해.

Episode 2

오늘 그영화 개봉이야.
회사 마치고 보러가자!

오늘 회식 잡힌거 알고있지?
네? 어..언제...?
방금 잡혔어 흥흥

아...
네....
꼭 참석해~ 오늘 아주 중요한 자리라고.
네, 네...

헐... 대답해 버리고 말았다...!
어번씨도 갈꺼지?

아니요, 저는
선약이 있습니다.
음.... 그래?
넵!
좋아, 다음엔 꼭 참석하라고!
아...
나도...
ㅠㅠ
넵.

아침회의

유난히 업무가 많이
생기는 날이 있다.

그런날은 꼭...
씨한데...

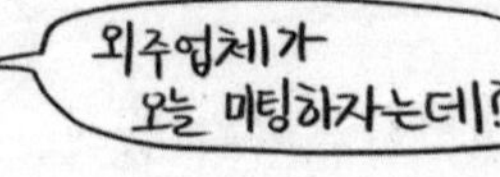

정현씨, 이거 체크 좀 해줄래?
아... 네...!

외주업체가
오늘 미팅하자는데?

개인 업무 만큼

다른 업무도 많이 들어 온다.

Episode 3

관계에 있어서
가장 중요한 것은

"존중"이라고
생각 해요

좋은 친구 사이일 수록
뭐 XX아
뭐라꼬 이 XX가
어릴적 인 아무말이나 내뱉다가도
칭구 아이가!
한해 한해 지날수록
서로 격려하고
좋은 이야기를 나누며
지내야 하죠.
리스펙트

5년후...

"존중"이 없으면 좋은 관계를 오래 유지하기 힘들다고 생각합니다.

이건 모든 생명에게도 마찬가지